REFORM DER DEUTSCHEN RECHTSCHREIBUNG

Die Neuregelung auf einen Blick

von
Klaus Heller

Bertelsmann LEXIKOTHEK Verlag

In Wien fanden vom 22. bis zum 24. November 1994 Verhandlungen auf politischer Ebene über eine Neuregelung der deutschen Rechtschreibung statt. Als Ergebnis liegt ein Reformvorschlag vor, der zwischen Sprachwissenschaftlern und Vertretern der zuständigen staatlichen Stellen der betroffenen Länder abgestimmt ist. Er wurde von den Konferenzteilnehmern den politischen Entscheidungsinstanzen zur Annahme empfohlen.

Dr. Klaus Heller vom Institut für deutsche Sprache, Mannheim, der an der Erarbeitung der Vorschläge beteiligt war, hat an der Wiener Konferenz teilgenommen. Im folgenden gibt er einen Überblick über die bevorstehenden Änderungen.

Erweiterter Nachdruck der SPRACHREPORT-Extraausgabe des Instituts für deutsche Sprache, Mannheim, vom Dezember 1994

Die Zeitschrift SPRACHREPORT erscheint vierteljährlich

© 1995 Institut für deutsche Sprache
Printed in Germany
033/89001

Wie wichtig ist die Rechtschreibung?

Der Gebrauch der Sprache – sei es mündlich, sei es schriftlich – unterliegt bestimmten Normen wie andere menschliche Tätigkeiten auch. Diese Normen dienen der Sicherung einer reibungslosen Kommunikation; ihre Einhaltung liegt daher im Interesse eines jeden Sprechenden und Schreibenden wie auch Hörenden und Lesenden.

Im Laufe der Entwicklung haben sich für die geschriebene Sprache strengere Maßstäbe herausgebildet als für die gesprochene. Das hängt damit zusammen, daß Geschriebenes die Funktion hat, sprachliche Äußerungen über längere Zeiträume und über größere räumliche Distanzen hinweg bewahrbar zu machen. Unter diesem Gesichtspunkt wird der Norm der Schreibung – der Rechtschreibung – innerhalb der Sprachgemeinschaft ein besonderer Wert zugemessen. Das führt häufig dazu, daß Sicherheit in der Rechtschreibung übertriebenerweise zum Maßstab für die Persönlichkeit des Schreibenden schlechthin genommen und höher geschätzt wird als etwa logische Konsequenz oder stilistische Qualitäten.

Brauchen wir eine Reform der deutschen Rechtschreibung?

Die bis heute gültige amtliche Rechtschreibung datiert von 1901/1902. Sie wurde 1901 auf der 2. Orthographischen Konferenz in Berlin beschlossen, 1902 als Regelwerk veröffentlicht und in Deutschland in Form einer Rechtsverordnung amtlich. Die Schweiz und Österreich schlossen sich dieser Normierung an. Vorrangiges Ziel war damals, besonders im Interesse der Schule eine einheitliche Rechtschreibung für das ganze deutsche Sprachgebiet herzustellen. Nicht weiter verfolgt werden konnte das Anliegen, auch für Einfachheit der Rechtschreibung zu sorgen (immerhin wurde das *h* in deutschen Wörtern wie *Thür, Thor* oder *thun* abgeschafft). Seit 1902 ist daher das Bemühen, die Rechtschreibung der deutschen Sprache zu reformieren, nicht erlahmt. Dies auch deshalb nicht, weil weitere Bearbeitungen, insbesondere in den zahlreichen Auflagen der Duden-Rechtschreibung, die Regelung von 1902 in vielen Bereichen unsystematisch aufgeschwellt, äußerst kompliziert und schwer erlernbar gemacht haben. Auch sind Änderungen im Schreibgebrauch zu berücksichtigen. Eine Vereinfachung ist daher längst überfällig. Spitzfindige Ausnahmeregeln und Ausnahmen von Ausnahmen sollen beseitigt werden, was die Systemhaftigkeit und also die Grundregeln stärkt.

Was bedeutet »amtliche Rechtschreibung«, und für wen ist sie verbindlich?

Die neue Regelung soll die von 1902 und nachfolgende Ergänzungsverordnungen ersetzen. Wie das Regelwerk von 1901/1902 wird auch die neue amtliche Rechtschreibung verbindlich sein für diejenigen Institutionen, für die der Staat in dieser Hinsicht Regelungskompetenz besitzt. Das sind andererseits die Schulen und andererseits die Behörden. Darüber hinaus soll sie Vorbildcharakter für alle anderen Bereiche haben, in denen sich die Sprachteilhaber an einer möglichst allgemein gültigen Rechtschreibung orientieren möchten. Das gilt speziell für Druckereien, Verlage und Redaktionen, aber auch für Privatpersonen.

Welchen Grundsätzen ist die Reform verpflichtet?

Die neue Regelung bemüht sich um eine behutsame Vereinfachung der Rechtschreibung. Sie erreicht das vor allem durch die Beseitigung von Ausnahmen und Besonderheiten. Sie weitet damit den Geltungsbereich der Grundregeln aus und erhöht so die Systematik. Die deutsche Rechtschreibung soll leichter erlernbar und einfacher handhabbar werden, ohne daß die Tradition der deutschen Schriftkultur beeinträchtigt wird. Die Lesbarkeit von Texten in der bisherigen Orthographie bleibt erhalten. Die Neuformulierung nach klaren, einheitlichen Gesichtspunkten soll die Regeln insgesamt verständlicher und durchsichtiger machen.

Wer hat das neue Regelwerk ausgearbeitet?

Der Neuregelungsvorschlag ist das Ergebnis jahrelanger wissenschaftlicher Zusammenarbeit von vier Arbeitsgruppen aus Deutschland, Österreich und der Schweiz und der weiteren Bearbeitung durch den »Internationalen Arbeitskreis für Orthographie«, der aus diesen Arbeitsgruppen hervorgegangen ist. 1992 hatte dieser wissenschaftliche Arbeitskreis seinen Vorschlag in Buchform vorgelegt (»Deutsche Rechtschreibung. Vorschläge zu ihrer Neuregelung«, Gunter Narr Verlag Tübingen). Hieraus entstand eine überarbeitete Fassung, die in wohlabgewogener Weise den Hinweisen Rechnung trägt, die sich aus der Diskussion mit Vertretern der Behörden und in der Öffentlichkeit ergeben hatten. Sie nimmt in noch stärkerem Maße als die 1992 vorgelegte Fassung Rücksicht auf den Aspekt der politischen Vertretbarkeit und praktischen Durchsetzbarkeit. Das wird zum Beispiel darin deutlich, daß auf den Vorschlag der Substantivkleinschreibung verzichtet wird. Diese Überarbeitung bildete die Verhandlungsgrundlage für die »3. Wiener Gespräche zur Neuregelung der deutschen Rechtschreibung« im November 1994.

Welchen Charakter hatte diese Wiener Konferenz?

Mit der Wiener Konferenz haben nach 1986 und 1990 nunmehr zum dritten Mal Verhandlungen auf politischer Ebene über eine Reform der deutschen Orthographie stattgefunden. Auf Einladung des österreichischen Bundesministeriums für Unterricht und Kunst nahmen an den Beratungen vom 22. bis 24. November Delegationen aus Belgien, Deutschland, Dänemark, Italien/Südtirol, Liechtenstein, Luxemburg, Österreich, Rumänien, der Schweiz und Ungarn teil. Der jetzige Vorschlag erhielt die Zustimmung aller Teilnehmer der Konferenz. Er wurde als der am besten durchdachte und am sorgfältigsten abgewogene Vorschlag seit der Normierung der deutschen Orthographie im Jahre 1901 bezeichnet. Die Konferenz würdigte die sorgfältigen und umfangreichen wissenschaftlichen Arbeiten und empfahl den politischen Entscheidungsinstanzen, die Ergebnisse der Beratungen anzunehmen. Damit besteht seit fast hundert Jahren zum ersten Mal die reale Chance, die deutsche Rechtschreibung behutsam weiterzuentwickeln.

Wird das neue Regelwerk nur Regeln enthalten?

Der Neuregelungsvorschlag enthält neben einem Regelteil auch ein umfangreiches Wörterverzeichnis, einen Wörterteil. In diesem sind mit etwa 12 000 Beispielwörtern alle Stammschreibungen des gegenwärtigen Deutschen erfaßt, sofern sie nicht auf fachsprachliche, umgangssprachliche oder landschaftlich gebundene Wörter beschränkt sind. Auch Eigennamen sind – da ihre Schreibung unberührt bleibt – im Wörterverzeichnis nicht enthalten. Eingearbeitet sind jedoch alle Schreibungen, die sich aus der vorgeschlagenen Neuregelung ergeben.

Wann wird die neue Regelung in Kraft treten?

Nach einer redaktionellen Bearbeitung liegt den politisch Verantwortlichen ein zwischen Linguisten und politischen Fachbeamten der betroffenen Länder abgestimmter Neuregelungsvorschlag vor. Im Anschluß an die politische Willensbildung in Deutschland, in Österreich und in der Schweiz wird die Unterzeichnung eines zwischenstaatlichen Abkommens für Ende 1995 angestrebt. Weitere interessierte Länder, in denen Deutsch von einer Minderheit gesprochen wird, sind eingeladen, dem Abkommen beizutreten. Im Anschluß an die Unterzeichnung des Abkommens kann das Regelwerk entsprechend den Möglichkeiten der Länder in Kraft treten. Eine Übergangszeit von fünf Jahren ist vorgesehen; die verbindliche Einführung sollte bis zum Jahre 2001 abgeschlossen sein.

Wird die Orthographiereform bezahlbar sein?

Um es zu ermöglichen, die Neuregelung der deutschen Rechtschreibung ohne besondere Kosten umzusetzen, ist die vorgesehene Übergangszeit lang bemessen. Damit können z. B. Schulbücher im normalen Rhythmus erneuert werden. Ähnliches gilt für andere Bereiche.

Wie lange soll die neue Regelung Bestand haben?

Die neue Regelung soll möglichst lange Bestand haben. Häufige Änderungen der Norm würden zu ständigen Verunsicherungen in der Sprachgemeinschaft führen. Allerdings wird es unausweichlich sein, gelegentlich Korrekturen vorzunehmen, sei es, um neuen Entwicklungen gerecht zu werden, oder sei es, um in Einzelfällen auch überholte Schreibungen (etwa bei Varianten) zu streichen. Derartige Anpassungen sollen künftig von einer ständigen zwischenstaatlichen Kommission für Orthographie durchgeführt werden. Sie wird ihren Sitz am Institut für deutsche Sprache in Mannheim haben, das bisher schon die Bemühungen um die Neuregelung der deutschen Rechtschreibung koordiniert hat.

Die Reform auf einen Blick

Bei dem folgenden Überblick ist zu beachten, daß die aufgeführten Veränderungen bis zur Unterzeichnung eines zwischenstaatlichen Abkommens noch den Charakter von Vorschlägen, nicht aber von Vorschriften haben. Bei den angeführten Beispielen geht es darum, bestimmte Änderungen zu illustrieren. Vollständigkeit, d. h. Auskunft in jedem konkreten Fall, vermag erst das Regelwerk insgesamt – mit seinem Regelteil und seinem Wörterteil – zu geben.

A Laut-Buchstaben-Zuordnungen
(einschließlich Fremdwortschreibung)

Einschneidende Maßnahmen, die das historisch gewachsene Schriftbild der deutschen Sprache verändern würden, sind nicht vorgesehen. Frühere Vorschläge sind oft eben daran gescheitert. Die neue Regelung konzentriert sich darauf, Verstöße gegen das **Stammprinzip** zu beseitigen. Sie verfolgt also das Ziel, die gleiche Schreibung eines Wortstammes in allen Wörtern einer Wortfamilie sicherzustellen. Entscheidend dabei ist, ob ein Wort heute einer Wortfamilie zugeordnet wird oder nicht.

Einzelfälle mit Umlautschreibung:

bisherige Schreibung	vorgesehene Schreibung
behende	behände (zu *Hand*)
belemmert	belämmert (zu *Lamm*)
Bendel	Bändel (zu *Band*)
Gemse	Gämse (zu *Gams*)
Quentchen	Quäntchen (heute zu *Quantum*)
schneuzen	schnäuzen (zu *Schnauze, großschnäuzig*)

bisherige Schreibung	vorgesehene Schreibung
Stengel	Stängel (zu Stange)
überschwenglich	überschwänglich (zu Überschwang)
verbleuen	verbläuen (heute zu blau)
aufwendig	aufwendig (zu aufwenden) oder aufwändig (zu Aufwand)
Schenke	Schenke (zu ausschenken) oder Schänke (zu Ausschank)
Wächte »Schneewehe«	Wechte (nicht zu wachen)

aber weiterhin: *Eltern* (trotz *alt*)

Einzelfälle mit Verdopplung des Konsonantenbuchstabens nach kurzem Vokal:

bisherige Schreibung	vorgesehene Schreibung
Karamel	Karamell (zu Karamelle)
numerieren	nummerieren (zu Nummer)
Paket	Packet (zu packen, Päckchen)
plazieren (placieren)	platzieren (zu Platz)
Stukkateur	Stuckateur (zu Stuck)
Tolpatsch	Tollpatsch (heute zu toll)
Zigarette, Zigarillo	Zigarrette, Zigarrillo (zu Zigarre)

ss für ß nach kurzem Vokal Zur Sicherstellung der gleichen Schreibung der Wortstämme soll auch der Wechsel von *ss* zu *ß* nach kurzem Vokal aufgehoben und künftig konsequent *ss* geschrieben werden, also *Wasser/wässerig/wässrig* oder *müssen/er muss*.

Hingegen bleibt *ß* in Wörtern wie *Maß*, *Muße* und *Straße* erhalten und kennzeichnet nunmehr eindeutig die Länge des vorausgehenden Vokals oder einen Doppellaut vor stimmlosem s-Laut (*draußen, beißen*).

Die Konjunktion *daß* wird künftig – entsprechend der allgemeinen Regel, daß nach kurzem Vokal *ss* steht – *dass* geschrieben. Damit bleibt die Unterscheidung gegenüber dem Artikel beziehungsweise dem Relativpronomen *das* erhalten.

bisherige Schreibung	vorgesehene Schreibung
hassen – Haß	*hassen – Hass*
küssen – Kuß, sie küßten sich	*küssen – Kuss, sie küssten sich*
lassen – er läßt	*lassen – er lässt*
müssen – sie muß	*müssen – sie muss*
Wasser – wässerig – wäßrig	*Wasser – wässerig – wässrig*
daß	*dass*

Erhalt der Stammschreibung bei Zusammensetzungen

Wenn in Zusammensetzungen drei gleiche Konsonantenbuchstaben zusammentreffen (*Ballett + Truppe, Ballett + Tänzer*), sollen zukünftig immer alle erhalten bleiben, also nicht nur wie schon heute in Fällen wie *Balletttruppe*, sondern auch in Fällen wie *Balletttänzer* (heute *Ballettänzer*, bei Trennung jedoch *Ballett-tänzer*).

bisherige Schreibung	vorgesehene Schreibung
Flanellappen	*Flanelllappen*
Flußsand	*Flusssand*
Balletttänzer	*Balletttänzer*
Stoffetzen	*Stofffetzen*
usw.	*usw.*
	(wie jetzt schon *Balletttruppe*)

aber weiterhin: *dennoch, Drittel, Mittag*

Entsprechend soll zukünftig auch bei der Endung *-heit* ein vorausgehendes *h* erhalten bleiben: *Rohheit* (zu *roh*), *Zäh-*

heit (zu *zäh*) statt heute *Roheit* und *Zäheit*. Neben *Zierat* und *selbständig* soll auch *Zierrat* (wie *Vorrat*) und *selbstständig* (*selbst* + *ständig*) möglich sein.

bisherige Schreibung	vorgesehene Schreibung
Roheit	Rohheit (zu *roh*)
Zäheit	Zähheit (zu *zäh*)
Zierat	Zierat/Zierrat (wie *Vorrat*)
selbständig	selbständig/ selbstständig

Systematisierung in Einzelfällen

Die Schreibung von bisher *rauh* und *Känguruh* soll geändert werden zu *rau* (vgl. die Adjektive auf *au* wie *blau*, *grau*, *genau*, *schlau*) bzw. zu *Känguru* (vgl. andere fremdsprachige Tierbezeichnungen wie *Emu*, *Gnu*, *Kakadu*).

bisherige Schreibung	vorgesehene Schreibung
rauh	rau (wie *grau*, *schlau* usw.)
Känguruh	Känguru (wie *Gnu*, *Kakadu*)

Entsprechend dem zugrundeliegenden Substantiv auf *-anz* oder *-enz* soll neben der heutigen Schreibung mit *t* (*essentiell* usw.) auch die mit *z* (*essenziell* usw.) möglich sein.

bisherige Schreibung	vorgesehene Schreibung
essentiell	essentiell/ essenziell (zu *Essenz*)
Differential	Differential/ Differenzial (zu *Differenz*)

bisherige Schreibung	vorgesehene Schreibung
differentiell	*differentiell/ differenziell* (zu *Differenz*)
Potential	*Potential/ Potenzial* (zu *Potenz*)
potentiell	*potentiell/ potenziell* (zu *Potenz*)
substantiell	*substantiell/ substanziell* (zu *Substanz*)

Fremdwörter bereiten wegen ihrer fremden Laut-Buchstaben-Zuordnungen oft besondere orthographische Schwierigkeiten. Im Widerstreit stehen der Respekt vor der fremden Sprache einerseits und die Loyalität gegenüber der Muttersprache andererseits. Angleichungen in der Schreibung (und in der Aussprache) haben seit jeher stattgefunden, betreffen im Normalfall aber nur häufig gebrauchte Wörter des Alltagswortschatzes.

Weitere Angleichungen kommen daher nur in Betracht und sollen in der Regel nur dann vorgenommen werden, wenn eine Entwicklung bereits angebahnt ist. So läßt sich beispielsweise die bereits vorhandene *f*-Schreibung für *ph* auf einige wenige weitere Alltagswörter ausdehnen. Auf eine forcierte Angleichung wird jedoch verzichtet. Wörter wie *Philosophie, Phänomen, Metapher* oder *Sphäre* sollen weiterhin wie bisher geschrieben werden.

Ist eine integrierte Schreibung schon heute bei den meisten Wörtern einer Gruppe vorhanden (etwa die Schreibung *-ee* statt *-é* oder *-ée*: *Allee, Komitee, Resümee* usw.), so wird diese für alle Wörter als zweite zulässige Schreibung vorgeschlagen. Das gilt auch für Wörter mit den Stämmen *phon/ fon, phot/fot, graph/graf* (heute schon: *Mikrofon, Fotografie, Grafik* usw.).

Die Eindeutschung von Fremdwörtern ist zwar für jeden gewöhnungsbedürftig, doch ist dieser Schritt sinnvoll, weil die deutsche Sprache wie jede andere Sprache das Bestreben hat, sich Fremdes zu eigen zu machen.

Die vorgeschlagenen Änderungen betreffen im einzelnen die Gruppen, deren wesentliche Fälle im folgenden aufgeführt sind:

bisherige Schreibung	vorgesehene Schreibung
ai	*ai* oder *ä*
Frigidaire	Frigidaire/Frigidär
Necessaire	Necessaire/Nessessär (wie jetzt schon *Mohär, Sekretär, Militär, Dränage, Majonäse, Polonäse* usw.)
ph	*ph* oder *f*
quadrophon	quadrophon/quadrofon
Photometrie	Photometrie/Fotometrie
Geographie	Geographie/Geografie
Graphologe	Graphologe/Grafologe
Orthographie	Orthographie/Ortografie
Megaphon	Megaphon/Megafon (wie jetzt schon *Mikrofon, Fotografie, Grafik* usw.)
Alphabet	Alphabet/Alfabet
Asphalt	Asphalt/Asfalt
Katastrophe	Katastrophe/Katastrofe
Strophe	Strophe/Strofe
Delphin	Delfin (wie jetzt schon *fantastisch*)
gh	*gh* oder *g*
Joghurt	Joghurt/Jogurt
Spaghetti	Spaghetti/Spagetti (wie jetzt schon *Getto, Finn-Dingi* usw.)
é und *ée*	*é/ée* oder *ee*
Bouclé	Bouclé/Buklee
Exposé	Exposé/Exposee
Kommuniqué	Kommuniqué/Kommunikee

bisherige Schreibung	vorgesehene Schreibung
Varieté	Varieté/Varietee
Chicorée	Chicorée/Schikoree (wie jetzt schon *Allee, Armee, Komitee, Resümee, Dragee, Haschee* usw.)
qu	**k**
Kommuniqué	Kommuniqué/Kommunikee (wie jetzt schon *Etikett, Likör* usw.)
ou	**ou** oder **u**
Bouclé	Bouclé/Buklee (wie jetzt schon *Nugat*)
ch	**ch** oder **sch**
Ketchup	Ketchup/Ketschup
Chicorée	Chicorée/Schikoree (wie jetzt schon *Anschovis, Broschüre, Haschee, retuschieren, Scheck, Sketsch, transchieren* usw.)
rh	**rh** oder **r**
Rhabarber	Rhabarber/Rabarber
Rheuma	Rheuma/Reuma
Hämorrhoiden	Hämorrhoiden/Hämorriden
Rhythmus	Rhythmus/Rytmus
c	**c** oder **ss**
Facette	Facette/Fassette
Necessaire	Necessaire/Nessessär (wie jetzt schon *Fassade, Fasson, Rasse* usw.)
th	**th** oder **t**
Diskothek	Diskothek/Diskotek
Videothek	Videothek/Videotek
Apotheke	Apotheke/Apoteke

bisherige Schreibung	vorgesehene Schreibung
Lithographie	Lithographie/Litografie
Orthographie	Orthographie/Ortografie
Asthma	Asthma/Astma
Leichtathletik	Leichtathletik/Leichtatletik
Rhythmus	Rhythmus/Rytmus (wie jetzt schon *Katode*)
Hinzu kommt als Einzelfall:	
Portemonnaie	Portemonnaie/Portmonee

B Getrennt- und Zusammenschreibung

Im amtlichen Regelwerk von 1901/1902 war der Bereich der Getrennt- und Zusammenschreibung nicht generell geregelt. Die im Rechtschreib-Duden seit 1915 entwickelte und heute mit einer Vielzahl von Sonderregelungen belastete Darstellung soll vor allem dadurch überschaubarer gemacht werden, daß von der Getrenntschreibung als dem Normalfall ausgegangen wird. An die Stelle schwer handhabbarer inhaltlicher Kriterien (Zusammenschreibung »wenn ein neuer Begriff entsteht« oder »wenn die Bedeutung des Substantivs verblaßt ist«) sollen grammatische Proben (Erweiterbarkeit, Steigerbarkeit usw.) treten. Die wichtigsten Vorschläge betreffen die folgenden Gruppen:

Verbindungen wie *Auto fahren/ich fahre Auto,* (aber heute) *radfahren/ich fahre Rad* sollen künftig generell getrennt geschrieben werden.

bisherige Schreibung	vorgesehene Schreibung
radfahren, aber *Auto fahren*	Rad fahren (wie *Auto fahren*)
staubsaugen/Staub saugen	Staub saugen
teppichklopfen/Teppich klopfen	Teppich klopfen
haltmachen	Halt machen

Die Unterscheidung von konkreter und übertragener Bedeutung als Kriterium für Getrenntschreibung *(auf dem Stuhl sitzen bleiben)* beziehungsweise Zusammenschreibung *(in der Schule sitzenbleiben* im Sinne von ›nicht versetzt werden‹) soll aufgegeben werden, da dieses Kriterium schon heute nicht funktioniert, wie die folgenden Beispiele zeigen: *im Bett liegenbleiben* (heute zusammen trotz konkreter Bedeutung), *mit seinem Plan baden gehen* (heute getrennt trotz übertragener Bedeutung ›scheitern‹). Gelten soll hier die konsequente Getrenntschreibung (bei geänderter Stellung ohnehin schon heute: *er blieb in der Schule sitzen*). Aus dem Textzusammenhang oder aus der Sprechsituation heraus sind alle diese Fälle eindeutig zu verstehen.

bisherige Schreibung	vorgesehene Schreibung
sitzenbleiben (*in der Schule*), aber *sitzen bleiben* (*auf dem Stuhl*)	*sitzen bleiben*

Eine Differenzierung der Schreibung nach inhaltlichen Kriterien wird zugunsten der Getrenntschreibung auch in Fällen wie den folgenden aufgegeben:

bisherige Schreibung	vorgesehene Schreibung
abwärtsgehen (schlechter werden), aber *abwärts gehen* (einen Weg)	*abwärts gehen*
nahegehen (seelisch ergreifen), aber *nahe gehen* (in die Nähe gehen)	*nahe gehen* (wegen *näher gehen*, *sehr nahe gehen*; aber *fernsehen*)

In den folgenden Fällen soll aus Gründen der Analogie zu bereits bestehenden Schreibungen künftig getrennt geschrieben werden:

bisherige Schreibung	vorgesehene Schreibung
gefangennehmen, aber *getrennt schreiben*	*gefangen nehmen* (wie *getrennt schreiben*)

bisherige Schreibung	vorgesehene Schreibung
übrigbleiben, aber *artig grüßen*	*übrig bleiben* (wie *artig grüßen*)

Bereinigt wird die Regelung von Verbindungen wie *aneinander/auseinander/beieinander* + Verb, und zwar durch generelle Getrenntschreibung, die für viele, aber nicht für alle Einzelfälle schon heute gilt.

bisherige Schreibung	vorgesehene Schreibung
aneinanderfügen, aber *aneinander denken*	*aneinander fügen* (wie *aneinander denken*)
zueinanderfinden, aber *zueinander passen*	*zueinander finden* (wie *zueinander passen*)

Die Schreibung der Partizipformen richtet sich immer nach der Schreibung der Infinitivformen:

bisherige Schreibung	vorgesehene Schreibung
nahestehend	*nahe stehend* (weil *nahe stehen*)
laubtragende/ Laub tragende (Bäume)	*Laub tragende (Bäume)* (weil *Laub tragen*)

Wie schon *so viele, wie viele* wird künftig auch *so viel, wie viel* geschrieben:

bisherige Schreibung	vorgesehene Schreibung
soviel, wieviel aber *so viele, wie viele*	*so viel, wie viel* (wie *so viele, wie viele*)

Hingegen werden alle Verbindungen mit *irgend* in Zukunft – wie heute schon *irgendwer* und *irgendwohin* – zusammengeschrieben:

bisherige Schreibung	vorgesehene Schreibung
irgend etwas, *irgend jemand,* aber *irgendwer,* *irgendwann*	*irgendetwas,* *irgendjemand* (wie *irgendwer,* *irgendwann*)

C Schreibung mit Bindestrich

Der Bindestrich eröffnet dem Schreibenden grundsätzlich die Möglichkeit, unübersichtliche Zusammenschreibungen zu gliedern; und er läßt es zu, graphisch bzw. syntaktisch nicht vereinbare Bestandteile als eine Einheit darzustellen (*3/4-Takt*, das *In-den-Tag-hinein-Träumen* usw.). Die neue Regelung soll vor allem Ungereimtheiten beseitigen. Zugleich will sie der Entscheidung des Schreibenden mehr Raum geben, durch die Verwendung des Bindestrichs seine Aussageabsicht zu verdeutlichen.

bisherige Schreibung	vorgesehene Schreibung
Ichform, Ichsucht, aber *Ich-Laut*	*Ichform/Ich-Form* *Ichlaut/Ich-Laut* *Ichsucht/Ich-Sucht*
17jährig, 3tonner	*17-jährig, 3-Tonner*
2pfünder	*2-Pfünder*
4silbig, 100prozentig	*4-silbig, 100-prozentig*
Kaffee-Ersatz	*Kaffee-Ersatz/Kaffeeersatz*
Zoo-Orchester	*Zoo-Orchester/ Zooorchester*
Balletttruppe	*Balletttruppe/ Ballett-Truppe*
Flußsand	*Flusssand/ Fluss-Sand*

Die Schreibung mit Bindestrich findet sich auch bei einer größeren Anzahl mehrgliedriger Anglizismen. Für diese sollen prinzipiell die gleichen Regeln gelten wie für einheimische Zusammensetzungen.

bisherige Schreibung	vorgesehene Schreibung
Hair-Stylist	*Hairstylist*
Job-sharing	*Jobsharing*
Rush-hour	*Rushhour*

D Groß- und Kleinschreibung

Da sich für die vom Internationalen Arbeitskreis ursprünglich vorgeschlagene Kleinschreibung der Substantive keine mehrheitliche Zustimmung finden ließ, wurde in Wien über den Vorschlag einer modifizierten Großschreibung entschieden. Ziel dieses Vorschlags ist es, die Großschreibung der Substantive beizubehalten, besonders schwierige Bereiche der Groß- und Kleinschreibung jedoch im Sinne einer besseren Handhabung neu zu regeln.

Im Gegensatz zu allen anderen Sprachen dient die Großschreibung im Deutschen nicht nur der Kennzeichnung von Satzanfängen, Eigennamen und Ausdrücken der Ehrerbietung, sondern auch zur Markierung einer Wortart: der Substantive.

Schwierigkeiten bei der Groß- und Kleinschreibung ergeben sich vor allem daraus, daß einerseits Wörter aller nichtsubstantivischen Wortarten im Text als Substantiv gebraucht werden können und groß zu schreiben sind *(das Laufen, das Wenn und Aber, die Ewiggestrigen)*. In vielen Fällen ist diese Substantivierung jedoch nur eine scheinbare, formale, so daß nach der geltenden Regelung keine Großschreibung eintritt *(im voraus; es ist das beste, wenn ich rede; im nachhinein; auf dem trockenen sitzen ›in finanzieller Verlegenheit sein‹* usw.). Andererseits werden in einer Reihe von Fällen ursprüngliche Substantive auch nichtsubstantivisch gebraucht *(heute abend, mittags, trotz seiner Krankheit)* und entsprechend klein geschrieben.

Die vorgeschlagenen Änderungen zielen darauf ab, klare, wenn möglich formale Kriterien für die Großschreibung zu gewinnen. Damit kommt dem Artikelgebrauch entscheidende Bedeutung zu. Insgesamt führt das zu einer leichten Vermehrung der Großschreibung.

So werden Substantive in Verbindung mit einer Präposition (wie *auf Grund, in Bezug, mit Bezug*) oder einem Verb (z. B. *Rad fahren, Tennis spielen*) generell groß geschrieben.

bisherige Schreibung	vorgesehene Schreibung
in bezug auf, aber *mit Bezug auf*	*in Bezug auf* (wie *mit Bezug auf*)
radfahren, aber *Auto fahren*	*Rad fahren* (wie *Auto fahren*)

Nur noch in Verbindung mit den Verben *sein, bleiben* und *werden* schreibt man *Angst, Bange, Gram, Leid, Schuld* und *Pleite* künftig klein (*Mir wird angst. Sie sind schuld daran.* Aber: *Ich habe Angst. Sie hat Schuld daran.*).

bisherige Schreibung	vorgesehene Schreibung
angst (und bange) machen, aber *Angst haben*	*Angst (und Bange) machen* (wie *Angst haben*)
schuld geben	*Schuld geben*
pleite gehen	*Pleite gehen* (aber *bange sein, gram bleiben, pleite werden*)

Groß geschrieben werden substantivierte Adjektive als Ordinalzahlen (z. B. *der Erste und der Letzte, der Nächste, jeder Dritte*), den Indefinitpronomen nahe stehende unbestimmte Zahladjektive (z. B. *alles Übrige, nicht das Geringste*) sowie Adjektive in festen Wortverbindungen (z. B. *im Klaren, im Folgenden, im Nachhinein, des Näheren* oder – bei Verwendung sowohl in wörtlicher wie auch in übertragener Bedeutung – *im Dunkeln tappen, im Trüben fischen*).

bisherige Schreibung	vorgesehene Schreibung
der, die, das letzte	*der, die, das Letzte*
der nächste, bitte	*der Nächste, bitte*
alles übrige	*alles Übrige*
nicht das geringste	*nicht das Geringste*
im großen und ganzen	*im Großen und Ganzen*

bisherige Schreibung	vorgesehene Schreibung
des näheren	des Näheren
im allgemeinen	im Allgemeinen
es ist das beste (= am besten), wenn...	das Beste
auf dem trockenen sitzen ›in finanzieller Verlegenheit sein‹	auf dem Trockenen sitzen
den kürzeren ziehen ›Nachteile haben‹	den Kürzeren ziehen

Bezeichnungen wie Tageszeiten sollen groß geschrieben werden, wenn sie in Verbindung mit *heute, (vor)gestern* oder *(über)morgen* stehen: *heute Mittag, gestern Abend.* – Als substantivische Zusammensetzung gilt die Verbindung von Wochentag und Tageszeit: *am Sonntagabend* (dazu das Adverb *sonntagabends*).

bisherige Schreibung	vorgesehene Schreibung
heute mittag	heute Mittag
gestern abend	gestern Abend
am Sonntag abend	am Sonntagabend
sonntags abends	sonntagabends

Groß geschrieben werden Farb- und Sprachbezeichnungen in Verbindung mit Präpositionen (z. B. *in Rot, bei Grün; auf Englisch, in Deutsch*).

bisherige Schreibung	vorgesehene Schreibung
auf deutsch, aber *bei Grün*	auf Deutsch (wie *bei Grün*)

Groß geschrieben werden Paarformeln mit nicht deklinierten Adjektiven zur Bezeichnung von Personen (z. B. *Arm und Reich, Jung und Alt, Groß und Klein*).

bisherige Schreibung	vorgesehene Schreibung
groß und klein	*Groß und Klein*
jung und alt, aber *Arm und Reich*	*Jung und Alt* (wie *Arm und Reich*)

Bei Superlativen mit *aufs* ist Großschreibung (*aufs Beste, aufs Herzlichste*) oder Kleinschreibung möglich (*aufs beste, aufs herzlichste*).

bisherige Schreibung	vorgesehene Schreibung
aufs beste	*aufs Beste/ aufs beste*
aufs herzlichste	*aufs Herzlichste/ aufs herzlichste*

Feste Fügungen aus Adjektiv und Substantiv werden generell klein geschrieben (z. B. *das schwarze Brett, die erste Hilfe, der weiße Tod*). Großschreibung tritt jedoch ein, wenn es sich um Eigennamen, d. h. um singuläre Benennungen handelt (z. B. *der Stille Ozean*). Auch Titel (z. B. *Regierender Bürgermeister*), klassifizierende Bezeichnungen in der Biologie (z. B. *Roter Milan*), besondere Kalendertage (z. B. *Heiliger Abend*) und historische Ereignisse (z. B. *der Westfälische Frieden*) werden groß geschrieben.

bisherige Schreibung	vorgesehene Schreibung
das Schwarze Brett	*das schwarze Brett*
der Weiße Tod	*der weiße Tod*
die Erste Hilfe	*die erste Hilfe*

Ableitungen von Personennamen, wie z. B. *ohmsch,* werden generell klein geschrieben, d. h. künftig auch, wenn die persönliche Leistung gemeint ist: *das ohmsche Gesetz*. Groß wird ein Name geschrieben, wenn seine Grundform betont werden soll. Dann wird die Endung mit einem Apostroph abgesetzt: *die Grimm'schen Märchen.*

bisherige Schreibung	vorgesehene Schreibung
das *Ohmsche Gesetz*, aber *der ohmsche Widerstand*	das *ohmsche Gesetz* (wie *der ohmsche Widerstand*)

Klein geschrieben werden sollen in Zukunft die vertraulichen Anredepronomen *du* und *ihr* mit ihren zugehörigen Formen, während *Sie* und *Ihr* als Höflichkeitsanreden samt ihren flektierten Formen weiterhin groß zu schreiben sind.

bisherige Schreibung	vorgesehene Schreibung
Du, Dein, Dir usw.	*du, dein, dir* usw.
Ihr, Euer, Euch usw.	*ihr, euer, euch* usw.
(in der vertraulichen Anrede)	

E Zeichensetzung

Auch der Bereich der Zeichensetzung war im amtlichen Regelwerk von 1901/1902 nicht geregelt. Vorgesehen sind gegenüber der heutigen Duden-Regelung Vereinfachungen beim Komma vor *und* und *oder* sowie in Verbindung mit Infinitiv- und Partizipgruppen. Dem Schreibenden wird hier größere Freiheit eingeräumt. Dadurch hat er mehr Möglichkeiten, dem Lesenden die Gliederung zu verdeutlichen und das Verstehen zu erleichtern.

Mit *und* und *oder* verbundene Hauptsätze werden nicht mehr durch ein Komma getrennt.

bisherige Schreibung	vorgesehene Schreibung
Der Schnee schmolz dahin, und bald ließen sich die ersten Blumen sehen, und die Vögel stimmten ihr Lied an.	*Der Schnee schmolz dahin und bald ließen sich die ersten Blumen sehen und die Vögel stimmten ihr Lied an.*

Bei Infinitiv- oder Partizipgruppen wird ein Komma nur noch gesetzt, wenn sie durch eine hinweisende Wortgruppe angekündigt (1) oder wieder aufgenommen (2) werden oder wenn sie aus der üblichen Satzstruktur herausfallen (3):
(1) *Darüber, bald zu einem Erfolg zu kommen, dachte sie lange nach.* (2) *Bald zu einem Erfolg zu kommen, das war ihr sehnlichster Wunsch.* (3) *Sie, um bald zu einem Erfolg zu kommen, schritt alsbald zur Tat.*

Zweckmäßig ist es, ein Komma zu setzen, wenn dadurch die Gliederung des Satzes verdeutlicht wird oder ein Mißverständnis ausgeschlossen werden kann:
Sie begegnete ihrem Trainer(,) und dessen Mannschaft mußte lange auf ihn warten. Ich rate(,) ihm(,) zu helfen.

Alle anderen Regeln für die Zeichensetzung bei diesen Gruppen entfallen.

F Worttrennung am Zeilenende

Bei der **Trennung der Wörter** soll die heutige Regel, *st* stets ungetrennt zu lassen (»Trenne nie *st*, denn es tut ihm weh!«), aufgehoben werden, Wörter wie *Wes-te, Kas-ten* werden dann so getrennt wie heute schon *Wes-pe* oder *Kas-ko*.

bisherige Schreibung	vorgesehene Schreibung
We-ste	*Wes-te*
Ka-sten	*Kas-ten*
Mu-ster	*Mus-ter*

Weiterhin ist vorgesehen, *ck (Zucker)* bei der Worttrennung nicht mehr durch *kk* zu ersetzen (heute *Zuk-ker*). Im Sinne der Beibehaltung der Stammschreibung soll vielmehr *ck* erhalten bleiben und geschlossen auf die nächste Zeile kommen, also *Zu-cker* (ähnlich wie bei *la-chen* und *wa-schen*).

bisherige Schreibung	vorgesehene Schreibung
Zuk-ker	*Zu-cker*
lek-ken	*le-cken*
Bak-ke	*Ba-cke*

Für Fremdwörter soll neben den heute vorgeschriebenen Trennungen, die der Herkunftssprache Rechnung tragen *(Chir-urg, Si-gnal, Päd-agoge, par-allel, Heliko-pter)*, in Zukunft auch die allgemein übliche Trennung möglich sein: *Chirurg* (wie *Si-rup*), *Sig-nal* (wie *leug-nen*), *Pä-dagogik* (wie *baden*), *pa-rallel* (wie *Pa-rade*), *Helikop-ter* (wie *op-tisch*).

bisherige Schreibung	vorgesehene Schreibung
Chir-urg	*Chir-urg/Chi-rurg*
Si-gnal	*Si-gnal/Sig-nal*
Päd-agogik	*Päd-agogik/Pä-dagogik*
par-allel	*par-allel/pa-rallel*
Heliko-pter	*Heliko-pter/Helikop-ter*

Die Regelung, nach der ein einzelner Vokal am Wortanfang nicht abgetrennt werden darf, wird aufgehoben.

bisherige Schreibung	vorgesehene Schreibung
Ufer	*U-fer*
Ofen	*O-fen*

Lesehemmende Trennungen *(Seeu-fer, Altbauer-haltung)* sind zu vermeiden.

Beispiele für neue Schreibungen

entsprechend den Beschlüssen der 3. Wiener Gespräche vom November 1994 *

bisherige Schreibung	vorgesehene Schreibung
heute (gestern, morgen) abend	heute (gestern, morgen) Abend
am Sonntag abend	am Sonntagabend
jeden Sonntag abend	jeden Sonntagabend
sonntags abends	sonntagabends
abwärtsgehen	abwärts gehen
ade sagen	Ade sagen
Alptraum	Albtraum
As	Ass
außer acht lassen	außer Acht lassen
sich in acht nehmen	sich in Acht nehmen
und ähnliches (u. ä.)	und Ähnliches (u. Ä.)
alleinstehend	allein stehend
allgemeinbildend	allgemein bildend
im allgemeinen	im Allgemeinen
Alphabet	Alphabet/Alfabet
alles beim alten lassen	alles beim Alten lassen
andersdenkend	anders denkend
aneinandergrenzen	aneinander grenzen
angst (und bange) machen	Angst (und Bange) machen
an-onym	an-onym/a-no-nym
Apotheke	Apotheke/Apoteke
im argen liegen	im Argen liegen
Asphalt	Asphalt/Asfalt
Asthma	Asthma/Astma
aufeinandertreffen	aufeinander treffen
aufgrund/auf Grund von	auf Grund von
aufsehenerregend	Aufsehen erregend
aufwendig	aufwendig/aufwändig
Au-pair-Mädchen	Aupairmädchen
auseinandergehen	auseinander gehen
Bak-ke	Ba-cke
Balletttänzer	Balletttänzer/Ballett-Tänzer

---

* Bis zur Verabschiedung des neuen amtlichen Regelwerkes sind geringfügige Änderungen in Einzelfällen nicht auszuschließen. Die Reihenfolge der in dieser Aufstellung angegebenen Variantenschreibungen sagt nichts aus in bezug auf künftige Haupt- oder Nebenformen.

bisherige Schreibung	vorgesehene Schreibung
bankrott gehen	Bankrott gehen
Baß	Bass
Baßstimme	Bassstimme/Bass-Stimme
behende	behände
bekanntmachen	bekannt machen
belemmert	belämmert
jeder beliebige	jeder Beliebige
Bendel	Bändel
er (sie, es) beschloß	er (sie, es) beschloss
Beschluß	Beschluss
im besonderen	im Besonderen
bessergehen	besser gehen
das beste wäre, wenn	das Beste wäre, wenn
der (die, das) erste beste	der (die, das) erste Beste
zum besten geben (haben, stehen)	zum Besten geben (haben, stehen)
in bezug auf	in Bezug auf
Bibliothek	Bibliothek/Bibliotek
Big Band	Big Band/Bigband
Biographie	Biographie/Biografie
Biß	Biss
ein bißchen	ein bisschen
blau-rot/blaurot	blaurot
blaß	blass
bleibenlassen	bleiben lassen
blondgelockt	blond gelockt
Bouclé	Bouclé/Buklee
sich im bösen trennen	sich im Bösen trennen
Brennessel	Brennnessel
bük-ken	bü-cken
Chicorée	Chicorée/Schikoree
Chir-urg	Chir-urg/Chi-rurg
Cleverneß	Cleverness
dafürsein	dafür sein
dar-in	dar-in/da-rin
dasein	da sein
daß	dass
Delphin	Delfin
auf deutsch	auf Deutsch
Differential	Differential/Differenzial
Diskothek	Diskothek/Diskotek
druk-ken	dru-cken
Du, Dein *usw. (in der Anrede)*	du, dein *usw.*
im dunkeln tappen	im Dunkeln tappen
dünnbesiedelt	dünn besiedelt
an Eides Statt	an Eides statt

bisherige Schreibung	vorgesehene Schreibung
sein eigen nennen	sein Eigen nennen
jeder einzelne	jeder Einzelne
im einzelnen	im Einzelnen
als einziges	als Einziges
eislaufen	Eis laufen
Erlaß	Erlass
ernstgemeint	ernst gemeint
die Erste Hilfe	die erste Hilfe
essentiell	essentiell/essenziell
Exposé	Exposé/Exposee
Facette	Facette/Fassette
Fairneß	Fairness
fallenlassen	fallen lassen
Faß	Fass
fertigstellen	fertig stellen
feuerspeiend	Feuer speiend
Flanellappen	Flanelllappen/Flanell-Lappen
fleischfressend	Fleisch fressend
Fluß	Fluss
Flußsand	Flusssand/Fluss-Sand
es ist folgendes festzustellen…	es ist Folgendes festzustellen…
im folgenden wird dargelegt…	im Folgenden wird dargelegt…
Fön	Föhn (*als Warenzeichen:* Fön)
Ihr, Euch *usw. (in der Anrede)*	ihr, euch *usw.*
in Frage stellen	in Frage stellen/infrage stellen
jemandem freund sein	jemandem Freund sein
Frevel	Frefel
Frigidaire	Frigidaire/Frigidär (*als Warenzeichen:* Frigidaire)
er (sie, es) frißt	er (sie, es) frisst
fro-stig	fros-tig
im (großen und) ganzen	im (Großen und) Ganzen
Gä-ste	Gäs-te
gefangennehmen	gefangen nehmen
im geheimen	im Geheimen
geheimhalten	geheim halten
Gemse	Gämse
auf das (aufs) genaueste	auf das (aufs) genaueste/Genaueste
genaugenommen	genau genommen
Genuß	Genuss

bisherige Schreibung	vorgesehene Schreibung
nicht das geringste	nicht das Geringste
nicht im geringsten	nicht im Geringsten
Geschirreiniger	Geschirrreiniger/Geschirr-Reiniger
gewiß	gewiss
das gleiche, was…	das Gleiche, was…
glühendheiß	glühend heiß
es goß	es goss
Graphologe	Graphologe/Grafologe
gräßlich	grässlich
grauenerregend	Grauen erregend
grau-grün/graugrün	graugrün
Guß	Guss
Jäheit	Jähheit
jenseits von Gut und Böse sein	jenseits von gut und böse sein
Job-sharing	Jobsharing
Hair-Stylist	Hairstylist
haltmachen	Halt machen
Hämorrhoiden	Hämorrhoiden/Hämorriden
hartgekocht	hart gekocht
häßlich	hässlich
er (sie, es) haßt	er (sie, es) hasst
heiligsprechen	heilig sprechen
He-li-ko-pter	He-li-ko-pter/He-li-kop-ter
hellodernd	hell lodernd
her-an	her-an/he-ran
auf das (aufs) herzlichste	auf das (aufs) herzlichste/Herzlichste
Hosteß	Hostess
Hungers sterben	hungers sterben
Ichform	Ichform/Ich-Form
Ich-Laut	Ich-Laut/Ichlaut
Imbiß	Imbiss
imstande sein	imstande sein/im Stande sein
in Frage kommen	in Frage kommen/infrage kommen
In-ter-es-se	In-ter-es-se/In-te-res-se
irgend etwas	irgendetwas
irgend jemand	irgendjemand
er (sie) ißt	er (sie) isst
Joghurt	Joghurt/Jogurt
jung und alt	Jung und Alt
Känguruh	Känguru
Karamel	Karamell
Katastrophe	Katastrophe/Katastrofe

bisherige Schreibung	vorgesehene Schreibung
kennenlernen	kennen lernen
keß	kess
Ketchup	Ketchup/Ketschup
Ki-ste	Kis-te
im klaren sein	im Klaren sein
bis ins kleinste	bis ins Kleinste
kochendheiß	kochend heiß
Kommuniqué	Kommuniqué/Kommunikee
Kongreß	Kongress
kopfstehen	Kopf stehen
Kreppapier	Krepppapier/Krepp-Papier
den kürzeren ziehen	den Kürzeren ziehen
Kuß	Kuss
langgestreckt	lang gestreckt
er (sie, es) läßt	er (sie, es) lässt
laubtragend/ Laub tragend	Laub tragend
auf dem laufenden sein	auf dem Laufenden sein
lek-ken	le-cken
Leichtathletik	Leichtathletik/Leichtatletik
der (die, das) letzte	der (die, das) Letzte
liegenlassen	liegen lassen
Lithographie	Lithographie/Litografie
lok-ken	lo-cken
maßhalten	Maß halten
nicht im mindesten	nicht im mindesten/nicht im Mindesten
Mißgunst	Missgunst
mißlich	misslich
mißlingen	misslingen
heute (gestern, morgen) mittag	heute (gestern, morgen) Mittag
alles mögliche	alles Mögliche
sein möglichstes tun	sein Möglichstes tun
Mon-ar-chie	Mon-ar-chie/Mo-nar-chie
Mop	Mopp
heute (gestern) morgen	heute (gestern) Morgen
er (sie, es) muß	er (sie, es) muss
Mu-ster	Mus-ter
im nachhinein	im Nachhinein
der nächste, bitte!	der Nächste, bitte!
des näheren (erklären)	des Näheren
näherkommen	näher kommen
nahegehen	nahe gehen
nahestehend	nahe stehend
naß	nass

bisherige Schreibung	vorgesehene Schreibung
nebeneinanderstellen	nebeneinander stellen
Necessaire	Necessaire/Nessessär
nek-ken	ne-cken
neur-al-gisch	neur-al-gisch/neu-ral-gisch
numerieren	nummerieren
Nuß	Nuss
zunutze machen	zunutze machen/zu Nutze machen
Ofen	O-fen
das Ohmsche Gesetz	das ohmsche Gesetz
Open air	Open Air/Openair
Orthographie	Orthographie/Ortografie
Päd-ago-ge	Päd-ago-ge/Pä-da-go-ge
Paket	Packet
Panther	Panter
par-al-lel	par-al-lel/pa-ral-lel
Paß	Pass
Photometrie	Photometrie/Fotometrie
plazieren/placieren	platzieren
pleite gehen	Pleite gehen
Portemonnaie	Portemonnaie/Portmonee
Potential	Potential/Potenzial
potentiell	potentiell/potenziell
Prozeß	Prozess
quadrophon	quadrophon/quadrofon
Quentchen	Quäntchen
radfahren	Rad fahren
rauh	rau
recht behalten (erhalten, haben)	Recht behalten (erhalten, haben)
reichgeschmückt	reich geschmückt
ins reine schreiben	ins Reine schreiben
Rhabarber	Rhabarber/Rabarber
Rheuma	Rheuma/Reuma
Rhythmus	Rhythmus/Rytmus
richtigstellen	richtig stellen
er (sie, es) riß	er (sie, es) riss
Riß	Riss
Roheit	Rohheit
ruhigstellen	ruhig stellen
Rush-hour	Rushhour
sauberhalten	sauber halten
Schenke	Schenke/Schänke
Schloß	Schloss
Schluß	Schluss
Schlußstrich	Schlussstrich/Schluss-Strich
schneuzen	schnäuzen

bisherige Schreibung	vorgesehene Schreibung
er (sie, es) schoß	er (sie, es) schoss
jemandem schuld geben	jemandem Schuld geben
Schuß	Schuss
das Schwarze Brett	das schwarze Brett
schwerfallen	schwer fallen
schwerverständlich	schwer verständlich
Schwimmeister	Schwimmmeister/Schwimm-Meister
See-Elefant	See-Elefant/Seeelefant
auf seiten	auf Seiten/aufseiten
von seiten	von Seiten/vonseiten
selbständig	selbständig/selbstständig
Si-gnal	Si-gnal/Sig-nal
sitzenbleiben	sitzen bleiben
soviel	so viel
Spaghetti	Spaghetti/Spagetti
spazierengehen	spazieren gehen
Sproß	Spross
staubsaugen/Staub saugen	Staub saugen
steckenbleiben	stecken bleiben
stehenbleiben	stehen bleiben
Stengel	Stängel
Stewardeß	Stewardess
stik-ken	sti-cken
Stilleben	Stillleben
Stoffetzen	Stofffetzen/Stoff-Fetzen
Stop	Stopp (*Verkehrsschilder:* Stop)
Strophe	Strophe/Strofe
Stukkateur	Stuckateur
substantiell	substantiell/substanziell
Thron	Tron
Thunfisch	Tunfisch
Tip	Tipp
Tolpatsch	Tollpatsch
Triumph	Triumph/Triumpf
auf dem trockenen sitzen	auf dem Trockenen sitzen
Troß	Tross
im trüben fischen	im Trüben fischen
übelnehmen	übel nehmen
Überdruß	Überdruss
Überschuß	Überschuss
überschwenglich	überschwänglich
übrigbleiben	übrig bleiben
alles übrige	alles Übrige
im übrigen	im Übrigen
im ungewissen lassen	im Ungewissen lassen

bisherige Schreibung	vorgesehene Schreibung
im unklaren bleiben	im Unklaren bleiben
unrecht behalten (geben, haben)	Unrecht behalten (geben, haben)
verbleuen	verbläuen
Vergißmeinnicht	Vergissmeinnicht
er (sie, es) vergißt	er (sie, es) vergisst
Verlaß	Verlass
verlorengehen	verloren gehen
er (sie, es) vermißt	er (sie, es) vermisst
Verriß	Verriss
Videothek	Videothek/Videotek
aus dem vollen schöpfen	aus dem Vollen schöpfen
im voraus	im Voraus
vorwärtskommen	vorwärts kommen
Walroß	Walross
wäßrig	wässrig
weichgekocht	weich gekocht
der Weiße Tod	der weiße Tod
des weiteren	des Weiteren
im wesentlichen	im Wesentlichen
We-ste	Wes-te
wieviel	wie viel
wor-auf	wor-auf/wo-rauf
er (sie, es) wußte	er (sie, es) wusste
Wü-ste	Wüs-te
Zäheit	Zähheit
Zierat	Zierrat
Zigarette	Zigarrette
Zigarillo	Zigarrillo
Zoo-Orchester	Zoo-Orchester/ Zooorchester
zueinanderfinden	zueinander finden
zufriedengeben	zufrieden geben
zugrunde richten	zugrunde richten/zu Grunde richten
zugunsten	zugunsten/zu Gunsten
Zuk-ker	Zu-cker
Zuschuß	Zuschuss
zustande kommen	zustande kommen/zu Stande kommen
zutage treten	zutage treten/zu Tage treten
zusammensein	zusammen sein
zuviel	zu viel
zuwenig	zu wenig
8fach	8-fach
17jährig	17-jährig
100prozentig	100-prozentig